BEI GRIN MACHT SICH IHR WISSEN BEZAHLT

Bibliografische Information der Deutschen Nationalbibliothek:

Die Deutsche Bibliothek verzeichnet diese Publikation in der Deutschen National-
bibliografie; detaillierte bibliografische Daten sind im Internet über http://dnb.d-
nb.de/ abrufbar.

Impressum:

Copyright © 2019 GRIN Verlag
Druck und Bindung: Books on Demand GmbH, Norderstedt Germany
ISBN: 9783668966383

Dieses Buch bei GRIN:

https://www.grin.com/document/484042

Anonym

Professionalität in der Weiterbildungsgesellschaft. Grundlagen und Überblick

GRIN Verlag

GRIN - Your knowledge has value

Der GRIN Verlag publiziert seit 1998 wissenschaftliche Arbeiten von Studenten, Hochschullehrern und anderen Akademikern als eBook und gedrucktes Buch. Die Verlagswebsite www.grin.com ist die ideale Plattform zur Veröffentlichung von Hausarbeiten, Abschlussarbeiten, wissenschaftlichen Aufsätzen, Dissertationen und Fachbüchern.

Besuchen Sie uns im Internet:

http://www.grin.com/

http://www.facebook.com/grincom

http://www.twitter.com/grin_com

Einsendearbeiten im Fernstudiengang „Erwachsenenbildung"

Einsendearbeiten zu Modul Nr. 0200

„Professionalität in der Weiterbildungsgesellschaft"

Studienbriefe:

EB 0210: Weiterlernen als Lebensform – zwischen Entgrenzung und Emotionalität (Arnold)

EB 0220: Grundlagen, Tendenzen und Optionen der Weiterbildungsgesellschaft (Müller-Commichau)

EB 0230: Professionalität und Qualität (Wittwer/Mersch)

Da in der deutschen Sprache durch den generischen Maskulin beide Geschlechter gleichermaßen mit einbezogen werden, wird in dieser Arbeit – bis auf seltene Ausnahmen – die männliche Form verwendet. Selbstverständlich sind immer beide Geschlechter gemeint.

Inhaltsverzeichnis

1. Einsendeaufgabe 1

Beschreiben Sie, welche Fähigkeiten mit dem Begriff der Diversitätskompetenz gemeint sind, und erläutern Sie deren zunehmende Bedeutung für die Gestaltung eines den Lebenslauf begleitenden Lehrens und Lernens!

1.1 Diversität, Diversitätskompetenz und wichtige Fähigkeiten

Die gesellschaftliche Vielfalt der Moderne (durch z. B. Globalisierungstendenzen) verlangt zunehmend, dass sich Menschen auf Neues einstellen und Mehrdeutigkeiten wahrnehmen und akzeptieren. Der Begriff der Diversität wird meist im Sinne von Vielfalt bzw. Heterogenität von Menschengruppen benutzt, bzw. als Summe aller Unterschiede, die Mitglieder einer sozialen Gruppe aufweisen[1], gesehen.

Diese Vielfalt fordert dementsprechend Menschenrechte, Gerechtigkeit, Teilhabe und Akzeptanz. Diese Dimensionen bauen ihrerseits wiederum auf dem Konzept der Diversitätskompetenz als Schlüsselqualifikation auf.

Diversitätskompetenz „(…) beschreibt die Fähigkeit zur Decodierung der strukturellen Mechanismen, mit denen andere und wir selbst uns unsere Wirklichkeit in – formal – durchaus ähnlicher Weise konstruieren."[2] Sie erfordert viel Übung und Ambiquitätstoleranz, weil der Umgang mit den Interaktionen der Deutungsmuster, Erwartungen und Erwartungs-Erwartungen der Individuen nicht nur damit einhergeht, unsere Perspektiven zu bereichern bzw. zu erweitern: Durch die Decodierungen und Konstruktionen können unsere Empfindungen auch unangenehm beeinflusst werden, unsere Deutungsroutinen können empfindlich gestört bzw. unsere Selbstbilder umgestürzt werden.[3]

Diversitätskompetenz besteht aus „(…) einer Kombination von Wissen, Einstellungen und Haltungen (…)"[4] und bündelt personale, soziale, fachliche und strategische Kompetenzen. Dieser Begrifflichkeit wird eine ganze Reihe diverser Fähigkeiten zugeschrieben, wie z. B. Empathie, Offenheit, Neugierde, Toleranz, Reflexivität, Ambiquitätstoleranz, Problemlöse und Kommunikationsfähigkeiten, die sich als entscheidend für erfolgreiche Interaktionen innerhalb gesellschaftlicher Vielfalt zeigen. Dabei erlangt die Reflexivitätsfähigkeit eine besondere Wichtigkeit, weil unter anderem die Individuen nicht nur Differenzen erleben, sie erzeugen diese ja auch zugleich selbst. Aus diesem Grund sollte diese gewichtige Fähigkeit auf jeden

---

[1] Vgl. Genkova, P., Ringeisen, T.(Hrsg.) (2016): Handbuch Diversity Kompetenz. Band 1. Perspektiven und Anwendungsfelder. Springer Referenz Psychologie/Fachmedien Wiesbaden, Seite 4
[2] Wittwer, W., Mersch, A.(2013): Professionalität und Qualität. Studienbrief EB 0230. Technische Universität Kiserslautern. Distance and Indenpendence Studies Center (DISC), Kaiserslautern, Seite 1
[3] Vgl. Wittwer, W., Mersch, A.(2013): Studienbrief EB 0230, Seite 2f
[4] Aschenbrenner-Wellmann, B., Fliege, T. (Hrsg.) (2014): Von der interkulturellen Öffnung zu Diversity Mainstreaming. Rahmenbedingungen, Forschungsprojekte und Praxisbeispiele aus der Werkstatt des Instituts für Antidiskriminierungs- und Diversityfragen (IAD). Logos Verlag Berlin, Seite 30

Fall von Menschen erlernt und gepflegt werden, denn nur dadurch können die eigenen und auch fremden Sichtweisen entdeckt und wahrgenommen werden.[5]

Insgesamt ist es von großer Bedeutung, die Diversitätskompetenz als Ergebnis eines Lern- und Veränderungsprozesses zu betrachten, der sich durch Reflexivität, Partizipation und Empowerment auszeichnet.[6] Sie kann zudem „(…) als die geschulte und entwickelte Fähigkeit verstanden werden, die Welt in ihrer Perspektivität kennen, lieben und gestalten zu lernen."[7]

1.2 Zunehmende Bedeutung der Diversitätskompetenz für die Gestaltung eines den Lebenslauf begleitenden Lehrens und Lernens

Um die zunehmende Bedeutung der Diversitätskompetenz für die Gestaltung eines den Lebenslauf begleitenden Lehrens und Lernens zu illustrieren, muss betont werden, dass gesellschaftliche Phänomene wie Globalisierung, Migration, die Entwicklung hin zu einer Wissensgesellschaft, der demografische Wandel und die Digitalisierung nicht nur für eine Notwendigkeit des Lebenslangen Lernens stehen, sondern auch dafür, dass die Eindeutigkeit der Deutungsmuster ab- und die Vielfalt der Interpretationsmöglichkeiten zunimmt. Die Lerner unterscheiden sich „(…) z. B. hinsichtlich: – Alter/Generation – Geschlecht – Herkunft – Sprache – Motivation – Leistungsniveau/-möglichkeiten – Bildungswege – Vorkenntnisse und Fachwissen (…)"[8] und sollen die vorhandenen Ähnlichkeiten und Differenzen nicht nur erkennen, sondern auch reflexiv betrachten, thematisieren und bearbeiten. Diese Vielfalt stellt sowohl die Lehrenden als auch die Lernende vor die Tatsache, dass Lebenslanges Lernen nicht ohne Wahrnehmung, Wertschätzung und Anerkennung von sozialen und kulturellen Unterschieden stattfinden kann. Außerdem sollte in diesem Zusammenhang auch der Inklusionsauftrag, als eine m.E. der wichtigsten Dimensionen des Lebenslangen Lernens Erwähnung finden:

> „(…) Insgesamt schärft die Auseinandersetzung mit dem Diversitätsbegriff das pädagogische Bewusstsein dafür, dass eine diversitätsbewusste Erwachsenen- bildung immer auch als ein Beitrag zur Verwirklichung von Bildungsgerechtigkeit zu verstehen ist."[9]

Es ist deutlich erkennbar, dass die Bedeutung der Diversitätskompetenz und damit verbundenen Fähigkeiten nicht mehr nur für bestimmte Integrationsangebote und interkulturelle Bildung zu gelten vermag, sondern „(…) eine Aufgabe der pädagogischen Planung und des

---

[5] Vgl. Genkova, P., Ringeisen, T.(Hrsg.) (2016), Seite 42
[6] Vgl. Aschenbrenner-Wellmann, B., Fliege, T. (Hrsg.) (2014), Seite 30
[7] Wittwer, W., Mersch, A.(2013): Studienbrief EB 0230, Seite 5
[8] Kunze, K., Kaimann, A. (2017): Vortrag auf der Fachtagung „Berufliche Bildung in Bewegung – Herausforderungen und Perspektiven für berufliches Bildungspersonal" 12./13. Oktober 2017, Fachhochschule Bielefeld, Folie 7, file:///C:/Users/lst/Downloads/2017_FT_HumanTec_Forum4_Kunze_Kaimann.pdf Abruf am 28.12.2018
[9] Dollhausen, K., Muders, S. (2016): Diversität und lebenslanges Lernen Aufgaben für die organisierte Weiter- bildung. Bertelsmann, Bielefeld. Vorwort Prof. Dr. Rainer Brödel. Seite 8
http://www.ciando.com/img/books/extract/3763956344_lp.pdf Abruf am 23.02.2019

Bildungsmanagements auf allen Ebenen und in allen Bereichen von Weiterbildungs-organi-sationen[.]"[10] darstellt.

Demnach werden die lehrenden Fachkreise künftig zunehmend den „Umgang mit heterogenen Lerngruppen, Vielfalt als Normalität des bildenden Alltags, Reflexion eigener Stereotypisierun-gen, (fachkultureller) Werthaltungen und Handlungsmuster"[11] in ihrem erwachsenpädago-gischen Wirken didaktisch einbeziehen müssen. Sie werden ihre Bildungsangebote diversitätsgerecht gestalten[12] und sich auch auf neue Rollenschwerpunkte bzw. Möglichkeiten einstellen müssen, wie z. B. des Öfteren als „Multiplikator_innen und Akteur_innen an der Schnittstelle zwischen Personal- und Organisationsentwicklung"[13] tätig zu sein.

Zum Schluss sind noch weitere diversitätsrelevante Aufgaben für die Gestaltung eines den Lebenslauf begleitenden Lehrens und Lernens zu benennen, wie z. B. der Abbau von Zugangsbarrieren, die Gestaltung geeigneter diversitätsgerechter Lernrahmen und -strukturen, Aufbau von diversitätsspezifischer Professionalität (auch) auf der Systemebene inklusive der Vorbildfunktion.

---

[10] Dollhausen, K., Muders, S. (2016), Seite 10
[11] Kunze, K., Kaimann, A. (2017), Folie 8
[12] Vgl. Ebenda
[13] Ebenda

2. Einsendeaufgabe 2

Auf welche Kriterien sollte eine kompetenzorientierte Gestaltung von Prüfung(en) und Zertifizierungen besonders achten? Erläutern Sie dies anhand eines Beispiels!

In dem Mittelpunkt der Überlegungen zu dem Thema steht die Tatsache, dass die Gestaltung kompetenzorientierter Prüfungen und Zertifizierungen nur dann den Anspruch der Kompetenzorientierung erfüllen kann, wenn die Prüfungsaufgaben und -formen sowie Zertifizierungsformate eng auf die Kompetenzen, die geprüft werden sollen, abgestimmt sind[14]. Im Folgenden wird am Beispiel der Weiterbildung zum Case Manager(CM)[15] im Gesundheits- und Sozialwesen (DGCC[16]) aufgezeigt, auf welche Kriterien eine kompetenzorientierte Gestaltung von Prüfung(en) und Zertifizierungen besonders bauen sollte. Zunächst ist es wichtig festzuhalten, dass der Qualifikationsrahmen für die Zertifizierung der CM in dem Positionspapier (DGCC)[17] festgelegt ist. Die Kompetenzen, die durch sogenannte Zugangsvoraussetzungen „mitgebracht" werden[18] und/oder durch die CM-Weiterbildung erworben werden, sollen dazu führen, dass die Absolventen über Fertigkeiten verfügen Menschen in komplexen Bedarfslagen ganzheitlich zu unterstützen – auch durch Analyse und Ermittlung bzw. Entwicklung passender Hilfsangebote. Als eine der Grundvoraussetzungen dafür wird zielorientierte Anwendung der Medienkompetenz genannt.[19] Für die Zertifizierung als Case Manager im Gesundheits- und Sozialwesen nach DGCC sind zunächst berufliche Zulassungsanforderungen zu erfüllen.[20] Außerdem ist eine Vorbildung in Kommunikation und Sozialrecht, die Teilnahme an allen vorgeschriebenen CM-Unterrichtseinheiten, selbstorganisierten Lerngruppen sowie Supervisionen nachzuweisen. Zudem ist das Bestehen der Prüfung in Form der Praxisaufgabe/Teilprüfung „CM-Fallarbeit mit Präsentation"[21] und erfolgreiche Abschlussarbeit für die Zertifizierung Bedingung.

---

[14] Vgl. Anlage 1: Basiserkenntnisse kompetenzorientierter Gestaltung von Prüfung(en) und Zertifizierungen
[15] „Case Manager und Case Managerinnen verfügen über umfassendes fachliches Wissen und Verständnis, das sie dazu befähigt, in einer spezialisierten und differenzierten Versorgungslandschaft, Menschen in komplexen Problemlagen zu unterstützen und passgenaue Unterstützungsangebote mit ihnen zu erschließen." In: Bader, C., Gembris, R., Pape, R., Remmel-Faßbender, R., Tewes, H. (Fachgruppe Weiterbildung der DGCC) (2016): Positionspapier Qualifikationsrahmen zertifizierter Case Manager und Case Managerinnen (DGCC). DGCC Deutsche Gesellschaft für Care und Case Management. Mainz, Seite 7 www.dgcc.de/wp-content/uploads/2017/02/DQR_Positionspapier_FG_WB_DGCC.pdf Abruf am 03.01.2019
[16] DGCC - Deutsche Gesellschaft für Care und Case Management - fördert die Anwendung und Entwicklung von Care und Case Management im Sozialwesen, im Gesundheitswesen, in der Pflege, im Versicherungswesen und in der Beschäftigungsförderung. www.dgcc.de/dgcc/ziele-der-dgcc/ Abruf am 03.01.2019
[17] Bader, C., Gembris, R., Pape, R., u.a. (2016)
[18] Vgl. Ebenda Seite 2 f.. Anm. der Verfasserin: Die Grundzüge des Case Managements und daraus resultierende Kompetenz-anforderungen sind im Detail in dem Positionspapier dargestellt. Eine neue, überarbeitete Version wird 2019 erscheinen lt. Information v. 22/23.06.20018, 14. Fachkongress & Jahrestagung der DGCC in Düsseldorf
[19] Ebenda Seite 13
[20] Vgl. Deutsche Gesellschaft für Care und Case Management e.V. (Hrsg.): Änderung der Zulassungsregelungen zur zertifizierten Case Management Weiterbildung vom 15.07.2011. Online: www.dgcc.de/wpcontent/uploads/2013/02/zulassungsregelungen_07_2011.pdf Abruf am 23.02.2019
[21] Anm. der Verfasserin: Die Aufgabenstellung lautet, eine CM-Begleitung zu planen, durchzuführen, zu verschriftlichen und zu präsentieren.

Im Folgenden werden Kriterien kompetenzorientierter Gestaltung von Prüfung(en) und Zertifizierungen anhand der Gestaltungserkenntnisse der für die Zertifizierung notwendigen Teilprüfung „CM-Fallarbeit mit Präsentation" vorgestellt. Durch diese Teilprüfung sollen die für die Durchführung von CM-Begleitungen (Weiterbildungsziel) erforderlichen Kompetenzen (siehe unten) geprüft werden. Dieses Prüfungsverfahren soll den Teilnehmenden eine intensive Auseinandersetzung mit zahlreichen kompetenzrelevanten Situationen ermöglichen: Ein nach bestimmten Kriterien ausgewähltes Patientensystem[22] wird nach CM-Verfahrensweise begleitet, der Fall wird dokumentiert und verschriftlicht. Nach der positiven Bewertung der schriftlichen Arbeit werden die Ergebnisse den Prüfern und der Gruppe vorgestellt und diskutiert.

Da die DGCC noch an dem verbindlichen CM-Kompetenzprofil für Deutschland arbeitet, wurden bei der Gestaltung der Fallarbeit-Prüfung die Erkenntnisse des Netzwerkes Case Management Schweiz[23] herangezogen. Folgende Kompetenzen wurden von dem Netzwerk als unerlässlich für die CM-Arbeit identifiziert: Kompetenzen für die CM-Fall-Durchführung, wie z.B. fachliche Kompetenzen (CM, Medizin, Pflege, Soziales, Netzwerke). Des Weiteren sind sozial-kommunikative Kompetenzen vonnöten, wie z. B.: Kommunikationsfähigkeit, Dialogfähigkeit, Beratungs- und Problemlösungsfähigkeit. In dem Bereich der personalen Kompetenz werden Reflexivitätskompetenz, Ambiquitätstoleranz, Kritikfähigkeit, Entscheidungsfähigkeit und ganzheitliches Denken genannt. Zudem sind Entscheidungsfähigkeit, ergebnisorientiertes Handeln, Integrationsfähigkeit (interprofessionelle und interinstitutionelle Ressourcen), analytische Fähigkeit und Urteilsfähigkeit für die CM-Fallbegleitung wichtig.[24] Des Weiteren benötigen die zukünftigen CM auch Medienkompetenz bzw. computer- und informationsbezogene Kompetenzen und die Kompetenz des wissenschaftlichen Arbeitens. Dieser Kompetenzkanon stellt die Basis der didaktischen Unterrichtsplanung dar. Um festzustellen, inwiefern diese Kompetenzen mit der genannten Aufgabenstellung geprüft werden können – wird ein Kriterienkatalog herangezogen.[25] Wegweisend hierfür kann die Erkenntnis sein, dass es sich bei den Kompetenzen um sogenannte „Selbstorganisationsdispositionen"[26] handelt. Eine kompetenzorientierte Prüfungsdidaktik sollte sich demnach auf die Handlungsdimensionen beziehen, die zugleich für die Kompetenzentwicklung gelten: selbstgesteuert, produktiv, aktiv, situativ und sozial.[27]

---

[22] Anm. der Verfasserin: Als Patientensystem wird im Case Management ein betroffener Mensch in einer komplexen Hilfebedarfslage mitsamt seines Familien- und Helfersystems bezeichnet.
[23] Vgl. Netzwerk Case Management Schweiz (2016): Kompetenzprofil für Case Manager und Case Managerinnen www.netzwerk-cm.ch/sites/default/files/uploads/30.09.2016_infounterlage_kompetenzprofil_cm_finale_version_0.pdf Abruf am 23.02.2019
[24] Ebenda
[25] Vgl. Anlage 1: Basiserkenntnisse kompetenzorientierter Gestaltung von Prüfung(en) und Zertifizierungen
[26] Vgl. Arnold, R. (2015): Weiterlernen als Lebensform - zwischen Entgrenzung und Emotionalität. Studienbrief EB 0210. Technische Universität Kaiserslautern, Distance & Independent Studies Center, Kaiserslautern, Seite 19
[27] Vgl. Arnold, R. (2015):, Seite 19

Die Analyse der „CM-Fallarbeit mit Präsentation" nach den Grundlinien einer kompetenz-orientierten Prüfungsdidaktik nach Arnold[28] durch die Verfasserin, beabsichtigt zu überprüfen, inwiefern diese Prüfungsaufgabe den genannten Handlungsdimensionen (selbstgesteuert, produktiv, aktiv, situativ und sozial) Rechnung zu tragen vermag.[29]

Die „Grundlinien einer kompetenzorientierte[n] Prüfungsdidaktik"[30] wurden im Zusammenhang mit der sog. LENA-Strategie[31] (LEbendiges und NAchhaltiges Lernen) entwickelt, die die sog. „Kompetenzorientierte Diagnose und Zertifizierung"[32] (KODIZ)[33] im Rahmen der CM-Zertifizierung hervorbrachte.

Die KODIZ steht für das „Konzept der vollständigen Aufgabenlösung"[34] im Sinne einer Prüfung der Outcome-Erwartung, d.h., ob und inwieweit ein Prüfling eine „(...) zu erbringende spezifische Arbeitsleistung ergebnisbezogen (...)"[35] beschreiben kann. Diese Beschreibung soll zudem zeigen, dass der Lerner die Arbeitszusammenhänge kennt und im übergeordneten betrieblichen Kontext einordnen kann. Der Lehrende hat dafür Sorge zu tragen, dass die Prüfung das erfassen soll, was gelehrt wurde[36] und insgesamt kompetenzorientiert vonstattengeht.

Die Prüfungsaufgabe „CM-Fallarbeit mit Präsentation" entspricht der Outcome-Erwartung. Die Prüfkandidaten weisen durch die Verschriftlichung, Präsentation und Diskussion nach, dass sie die spezifische CM-Arbeitsleistung planen, durchführen und beschreiben können, ob ihnen die Zusammenhänge, Problemstellungen, Verfahrensweisen bekannt sind und sie auch diese auf der institutionellen Systemebene einordnen können.

Außerdem ist es wichtig zu betonen, dass die gewohnten Gütekriterien sozialwissen-schaftlicher Forschung – Objektivität, Validität (Gültigkeit) und Reliabilität (Zuverlässigkeit) – ebenfalls für die Kompetenzprüfverfahren gelten, genauso wie Gütekriterien der Erwachsenenpädagogik, Kompetenztheorie, Ablauftechnologie und Ökonomie.[37] Als Ergebnis steht ein Gütekriterien-Raster[38] zur Verfügung, das die Lehrerschaft für den Aufbau eines kompetenzorientierten Prüfungsansatzes ausrüstet.

---

[28] Arnold, R. (2015): Studienbrief EB 0210, Seite 20
[29] Vgl. Anlage 2, Ergebnisse der Analyse der Prüfungsaufgabe nach den Grundlinien einer kompetenzorientierten Prüfungsdidaktik nach Arnold
[30] Vgl. Arnold, R. (2015): Studienbrief EB 0210, Seite 19 f
[31] Es handelt sich um ein LENA-Lernmodell des WIFI. Das WIFI ist Marktführer in der beruflichen Aus- und Weiterbildung der österreichischen Wirtschaft. „LENA steht für LEbendiges und NAchhaltiges Lernen." Vgl. WIFI Internetportal, FAQs Stichwort „LENA" www.wifi.at/service/wifi-lernmodell-lena/faq-lernmodell-lena/faq_lernmodell_lena Abruf am 05.01.2019
[32] Vgl. Arnold, R. (2015): „KODIZ bezeichnet eine ganzheitliche Form der kompetenzorientierten Prüfung, deren Formen nicht bloß testtheoretisch ansetzen, sondern auch den bereits im LENA-Konzept zugrunde gelegten An-forderungen an ein nachhaltiges Lernen (...)"Rechnung tragen." Seite 22
[33] Vgl. Arnold, R. (2015): Studienbrief EB 0210, Seite 19 f.
[34] Vgl. Arnold (2015): Studienbrief EB 0210, Seite 20
[35] Ebenda
[36] Vgl. Arnold (2015): Studienbrief EB 0210, Seite 21
[37] Vgl. Ebenda
[38] Vgl. Ebenda

Die Analyse der Prüfungsaufgabe „CM-Fallarbeit mit Präsentation" unter Verwendung des Gütekriterienrasters zeigt[39], dass der Weg des Prüfkandidaten zum Arbeitsergebnis (Planung, Durchführung, Hilfsmittel) und deren Reflexion von hohem Maß an Kompetenzorientierung gekennzeichnet ist. Die zu prüfenden und für die Aufgabenstellung genannten Kompetenzen kommen somit zur Geltung. Eine Herausforderung stellen allerdings Objektivität und Chancengleichheit dar, weil die Komplexität der Fälle stark variieren kann. Eindeutig zu beurteilen sind die fachlichen Kompetenzen, d.h. die inhaltliche Richtigkeit der Einhaltung der CM-Vorgehensweise, der durchgeführten Interventionen; auch die sozial-kommunikativen Kompetenzen und die Grundsätze des wissenschaftlichen Arbeitens können durch die Verschriftlichung und während der Präsentation und Diskussion geprüft werden. Zudem kann die Qualität der Präsentation beurteilt werden (Kommunikation, Moderation, Medienkompetenz). Die Zielsetzung ist es, die Inhalte, Zeit und Wirkung in ein optimales Verhältnis zu bringen und eine Diskussion zu moderieren. Ein Kriterienraster, das die verschiedenen Bewertungsdimensionen der Präsentation (Inhalt, Auftritt, Argumentation, Reflexivität) festhält, wird den Prüfkandidaten zur Verfügung gestellt und berücksichtigt. Hier kann die (menschenmögliche) Objektivität gewährleistet werden.[40]

---

[39] Vgl. Anlage 3: Gütekriterien einer kompetenzorientierten Prüfung nach Arnold – versus Beispiel Teilprüfung „CM-Fallarbeit mit Präsentation" im Rahmen einer Case-Manager-Weiterbildung (DGCC)
[40] Vgl. Ebenda

3. Einsendeaufgabe 3

Szenario:

Sie leiten eine Weiterbildungseinrichtung in einer strukturschwachen, ländlichen Region und haben gemeinsam mit drei Ihrer Fachreferentinnen neue Konzepte für selbstgesteuertes Lernen entwickelt, die nun im Rahmen eines Projektes erstmals realisiert werden sollen. Nach Genehmigung von Projektgeldern aus einem EU-Förderprogramm zum Lebenslangen Lernen geht es nun darum, konkrete Schritte zu planen. Es handelt sich um ein Pilotprojekt, bei dem Ihre Einrichtung mit zwei weiteren regionalen Bildungsanbietern kooperiert. Zielgruppe des Projektes „Lernen im Lebenslauf: Konzepte für selbstgesteuertes Lernen" sind arbeitsuchende Menschen mit einer abgeschlossenen Berufsausbildung.

Aufgabe:

Skizzieren Sie mögliche didaktische Arrangements.

Vergleichen Sie das formelle und informelle Lernen und beschreiben Sie die Konsequenzen beider Lernmodalitäten für die professionelle Praxis.

3.1 Didaktische Arrangements innerhalb des Projektes „Lernen im Lebenslauf: Konzepte für selbstgesteuertes Lernen"[41] für arbeitssuchende Menschen mit einer abgeschlossenen Berufsausbildung

Die Planung der konkreten Umsetzungsschritte beginnt mit dem Festhalten der wichtigsten Eckdaten der Zielgruppe und Erstellung einer Konzeptskizze. Zunächst wird festgehalten, dass die Leiterin der Einrichtung und drei ihrer Fachreferentinnen in den Bereichen IT (Anwendung MS-Office), Sprachtraining Englisch und Businessmanagement qualifiziert sind. Zudem stehen Kooperationsverträge mit zwei regionalen Bildungsanbietern fest: mit der Kolping-Akademie sowie der IHK-Akademie. Es ist wichtig zu betonen, dass die möglichen didaktischen Arrangements auf einer eingehenden Eingangsberatung (Einzelcoachings) der Klienten basieren. Dabei erfolgt zuerst eine tiefgehende Bedarfsanalyse bzw. Beratung der Klienten. Die entscheidende Frage aus didaktischer Sicht lautet dabei: WER wird trainiert? Es wird der Wissensstand (Einsteiger, Fortgeschrittene, Experten), der Bedarf und das/die Trainingsziel(e), die Lerninhalte, die verfügbare Zeit und das Budget des Klienten erforscht, erhoben und gemeinsam eine Strategie erarbeitet. Diese Leistung wird von der Leiterin (Erwachsenenpädagogin, Coach und Supervisorin) und einer Fachreferentin (Wirtschaftspsychologin) erbracht. Die Klienten werden bei ihrer Neuorientierung unterstützt, durch Reflexionen und Eröffnung neuer Perspektiven lernen sie neue Lösungsansätze und

---

[41] „Selbstgesteuertes Lernen (SGL) steht als Symbolbegriff für innovative Gestaltungen in der Weiterbildung und hat so eine bedeutsame programmatische Kraft entwickelt." Dietrich, S., Fuchs-Brüninghoff, E. u. a. (1999): Selbstgesteuertes Lernen Auf dem Weg zu einer neuen Lernkultur. Deutsches Institut für Erwachsenenbildung (DIE) Frankfurt a.M. online www.die-bonn.de/esprid/dokumente/doc-1999/dietrich99_01.pdf Seite - Abstract, Abruf am 04.01.2019

Alternativen kennen, werden individuell und ganzheitlich beraten. Der Neu- bzw. Wiedereinstieg in den ersten Arbeitsmarkt wird – angepasst an die jeweilige Persönlichkeit und Lebenssituation – vorbereitet. Dabei ist zur Erreichung des Ziels ein Drei-Phasen-Plan vorgesehen: die Orientierungs-, Stabilisierungs- und Realisierungsphase, die jeweils vier Unterrichtseinheiten umfassen.[42]

Es steht fest, dass es sich bei der Lehrlösung grundsätzlich um selbstgesteuertes Lernen handeln soll. Die Antwort auf die Frage, WIE trainiert werden soll, beginnt mit der Feststellung, dass die Trainer hauptsächlich als Begleiter in didaktischer und psychologischer Sicht fungieren[43]. Außerdem sollen neue Medien zur Anwendung kommen. Eine Lernumgebung, eine Internetplattform, ein virtuelles Klassenzimmer, eine virtuelle Trainingsumgebung, Trainingsvideos und schriftliche Unterlagen, Räumlichkeiten für individuelles Lernen und Gruppenräume stehen zur Verfügung.

In der eigenen Einrichtung sind folgende Weiterbildungen und Kurse geplant: MS-Office – Anwendertrainings, Businessmanagement (Projekt-, Zeitmanagement, Präsentations- und Moderationstechniken), Konfliktmanagement/Mediation, Bewerbercoaching und Business English. Die Kooperationspartner bieten Vernetzungs- und Zertifizierungsmöglichkeiten. Mit der Kolping-Akademie ist bereits eine engere Kooperation bezüglich geförderter Weiterbildung für Arbeitssuchende und Wiedereinstieg ins Berufsleben, wie z. B. Qualifizierung für Migranten und Vernetzung zum Trainingszentren für diverse Fachbereiche, vereinbart. Mit der IHK-Akademie ist eine enge Zusammenarbeit bezüglich beruflicher Qualifizierung, Umschulungen und Zertifizierungen geplant.

Im Folgenden wird ein didaktisches Arrangement zu dem Thema Businessmanagement mit dem Unterthema Projektmanagement[44] vorgestellt, da es einen idealtypischen Ablauf des Ansatzes des selbstgesteuerten Lernens der Weiterbildungseinrichtung zu zeichnen verspricht. Die Zielgruppe sind Arbeitssuchende, die sich nach dem Einzelcoaching für diesen Kurs entschieden haben. Es gibt keine Zulassungsvoraussetzung, lediglich Computergrundkenntnisse werden vorausgesetzt. Der Kurs ist für Einsteiger geeignet und zielt darauf ab, die Teilnehmer zur Planung, Koordination und Überwachung eines oder mehrerer Projekte (bzw. Teilprojekte) zu befähigen. Ein Projektmanager steuert die Projekte und trägt die personelle sowie wirtschaftliche Verantwortung. In leitender Funktion steuert dieser Teamprozesse, und benötigt somit neben fachlich-methodischer Kompetenzen auch Trainings im sozial-kommunikatorischen und persönlichen Bereich. Der Lernpfad ist gezeichnet, kann aber selbstgesteuert realisiert werden. Die Präsentationen können in freier Zeiteinteilung

---

[42] Vgl. ptm-Akademie Website „Berufscoaching – Fit für den Job": www.ptm.de/de/fuer-arbeitsuchende/kursangebot/d/t/berufscoaching-fit-fuer-den-job/ Abruf am 23.02.2019
[43] Vgl. Arnold (2015): Studienbrief EB 0210, Seite 113
[44] Konzeption basiert auf Recherche diverser Angebote, hauptsächlich vgl. Haufe Akademie Basiszertifikat Projektmanagement (GPM). Website www.haufe-akademie.de/1853 Abruf am 23.02.2019

antizipiert werden; Falldiskussionen und Gruppenarbeiten zu realen Projekten der Teilnehmenden können selbstgesteuert virtuell oder als Präsenztreffen realisiert werden. Zeitliche Flexibilität ist gegeben. Tutorielle Begleitung und virtuelle Austauschmöglichkeiten unter den Teilnehmenden oder bei Bedarf auch persönlich, ist festgelegt.[45]

Der Projektmanagement-Kurs wird wie folgt gestaltet:

Modul 1 – „Kick-Off", wird als Webinar (virtuelles Klassenzimmer) und/oder optional als Präsenzveranstaltung angeboten. Ziele sind: Kennenlernen von Trainerinnen/Tutorinnen und Teilnehmern der Lerngruppe, von Lernzielen und Methoden, des Ablaufs des Trainings. Anschließend erfolgt die Vereinbarung der Lernschritte und Einführung in die Thematik.

Modul 2 – ist eine Selbstlernphase. Der hier erfolgende Projektmanagement-Basis-kompetenzen-Erwerb wird als E-Learning angeboten. Ein Lernpfad besteht aus frei wählbaren Einheiten, die selbstgesteuert bearbeitet werden können. Nach der Bearbeitungsphase wird ein Webinar (virtuelles Klassenzimmer) angeboten, um einen Austausch in der Gruppe zu ermöglichen, die Inhalte zu besprechen und offene Fragen zu klären. Es erfolgt eine Einführung in die nächste Lernphase.

Innerhalb des Moduls 3 wird ein Projekt-Praxisbeispiel analysiert, es erfolgt der erste Lerntransfer, die Inhalte werden vertieft und aus verschiedenen Perspektiven beleuchtet.

Modul 4 – Hier gilt es, ein eigenes Projekt zu planen, die Planung zu verschriftlichen und zu visualisieren. Diese Planung wird anschließend innerhalb des anschließenden Webinars vorgestellt und diskutiert.

Modul 5 bereitet auf die Prüfung vor: Die Teilnehmenden erhalten Zugang zu Probeklausuren, Lehrvideos, Materialien, tutorielle Begleitung und Möglichkeiten zum Austausch in der Gruppe. Die Prüfung und Zertifizierung (Präsenz) erfolgt in Zusammenarbeit mit der IHK-Akademie.

3.2. Das formelle und informelle Lernen im Vergleich. Konsequenzen beider Modalitäten für die professionelle Praxis.

Das formelle Lernen umfasst Theoriewissensvermittlung, systematische und organisierte Lehre von festgeschriebenen Lerninhalten und -ergebnissen. Es wird als „Intentionales, abschlussbezogenes Lernen im (staatlich anerkannten) „Hauptsystem" der Weiterbildung"[46] bezeichnet. Es findet strukturiert und fremdgesteuert, d.h. unter pädagogischer Anleitung statt. Zudem wird das formelle Lernen durch eine verpflichtende Art, kognitive Wissensvermittlung und Standardisierung charakterisiert. Einerseits ermöglicht das formelle Lernen die

---

[45] Vgl. Pathe, A. (2007): Didaktische Maßnahmen zur Förderung und Unterstützung des Lernens in Online Seminaren. Tutorielle Maßnahmen zur Förderung und Unterstützung des Lernens in Online Seminaren. Magisterarbeit. Diplomica Verlag, Hamburg, Seite 102
[46] Nuissl, E. (Hrsg) (2006): Vom Lernen zum Lehren Lern- und Lehrforschung für die Weiterbildung. Das Deutsche Institut für Erwachsenenbildung (DIE). Bertelsmann, Bielefeld. Tabelle1, Seite 10 www.die-bonn.de/doks/2006-lehr-lernforschung-01.pdf Abruf am 22.12.2018

„Gewährleistung von flächendeckend einheitlichen Kompetenzprofilen"[47] bzw. Wissensbestandsvermittlung, andererseits kann hierbei das notwendige handlungsorientierte Können nur bedingt (modellhaftes Aufzeigen) vermittelt werden. Die curriculare Verantwortung für die Wissensvermittlung liegt hier bei den lehrenden Professionen. Sie sollen lehren, testen und prüfen und keine Lernberatung und Hilfe bei den „Lernsuchbewegungen" leisten.[48]

Als informelles Lernen wird das Lernen jenseits organisierter Lernangebote[49] bezeichnet. Hier „(…) handelt es sich um einen vielschichtigen Begriff, dessen Bedeutungsfacetten auf einem Kontinuum liegen, das durch die Pole „unbewusstes Lernen" und „intentionales" bzw. „bewusstes Lernen" begrenzt wird (Laur-Ernst 2000, S. 115)."[50] Informelles Lernen findet am Arbeitsplatz und im alltäglichen Leben statt, als selbstorganisiertes und selbstgesteuertes Geschehen.[51]

Wichtig im Zusammenhang mit der Fragestellung ist festzuhalten, dass die Koppelung des informellen Lernens (mittels Reflexionsprozesse) mit dem formellen Lernen dienlich und möglich ist.[52] Diese Tatsache und die Existenz von statistischen Erhebungen, dass 70 bis 80% der Kompetenzen der Erwachsenen informell erworben werden, macht den Ausbau einer wirksamen Begleitung „autodidaktischer Lernprozesse" erforderlich.[53]

Nicht nur die Begleitung ist notwendig, sondern auch die Anerkennung (gegenseitige Anrechnung) der „(…) Suchbewegungen eines informellen Lernens (…), ohne sie durch zentralisierte Angebote zu ersetzen."[54.] Hierfür eignen sich ausdrücklich innovative Lehrtechnologien. Außerdem ist eine wirksame Weiterentwicklung der Beurteilungsmethoden zur Anerkennung des informell erworbenen Wissens, Fähigkeiten und Erfahrungen vonnöten.[55]

Informelles Lernen betont den Lebensweltbezug der Lernenden, erfolgt prozesshaft, aktiv, selbstgesteuert und emotional, durch Lernen an Erfahrungen. Die Lernergebnisse stehen nicht von Anfang an fest. Konsequenz für die professionelle Praxis bedeutet hier, dass die Bildungsprofessionen vor der Aufgabe stehen, die Lernprozesse sowohl auf didaktischer als auch psychologischer Ebene zu begleiten und das Selbstwirksamkeitserleben und die Selbstlernkompetenzen zu fördern.[56]

---

[47] Vgl. Arnold (2015): Studienbrief EB 0210, Seite 113
[48] Nuissl, E. (Hrsg.) (2006), Seite 153
[49] Vgl. Arnold (2015): Studienbrief EB 0210, Seite VII
[50] Wittwer, W., Mersch, A.(2013): Studienbrief EB 0230, Seite 48
[51] Vgl. Arnold (2015): Studienbrief EB 0210, Seite VII
[52] Wittwer, W., Mersch, A.(2013): Studienbrief EB 0230, Seite 48
[53] Vgl. Arnold (2015): Studienbrief EB 0210, Seite VII
[54] Arnold (2015): Studienbrief EB 0210, Seite 35 f.
[55] Bretschneider, M. (2004): Non-formales und informelles Lernen im Spiegel bildungspolitischer Dokumente der Europäischen Union. Deutsches Institut für Erwachsenenbildung. www.die-bonn.de/esprid/dokumente/doc-2004/bretschneider04_01.pdf Abruf am 22.12.2018 Seite 4
[56] Vgl. Arnold (2015): Studienbrief EB 0210, Seite 113

4. Einsendeaufgabe 4

Das Berufskonzept verliert heute immer mehr seine Funktion, nämlich:

- Kenntnissen, Fähigkeiten und Fertigkeiten, die zur Ausübung eines bestimmten Berufs erforderlich sind, inhaltlich einzugrenzen.
- Berufstätigkeiten gegeneinander abzugrenzen und zu strukturieren.
- Der Ausübung einer beruflichen Tätigkeit Kontinuität zu verleihen und Berufsentscheidungen unter „Sicherheit" zu treffen.
- Einer Berufstätigkeit Status und soziale Absicherung zu verleihen.
- Orientierung für Ausbildung und Weiterbildung sowie für Karrierewege zu geben.
- Die Entwicklung von berufliche Identität zu ermöglichen.
- Den Zugang zum Beruf von bestimmten inhaltlichen und formal erworbenen Qualifikationen und Kompetenzen abhängig zu machen.

Fragen:

a) Welche Auswirkungen hat diese Entwicklung des Berufskonzepts auf das Verständnis von Professionalität und Qualität der Weiterbildner?

b) Welche Kompetenzen sind besonders wichtig, um professionell und auf hohem qualitativen Niveau zu handeln und wie können diese konkret entwickelt werden?

4 a) Welche Auswirkungen hat diese Entwicklung des Berufskonzepts auf das Verständnis von Professionalität und Qualität der Weiterbildner?

Das Berufskonzept setzt sich aus „(...) unterschiedlichen Tätigkeiten, die wiederum in unterschiedlichen Kombinationen und überwiegend in Verbindung mit anderen Hauptaufgaben wahrgenommen werden."[57] Die geschilderte Weiterentwicklung des Berufskonzepts bzw. seine „Auflösung" wirkt sich bereits auf den Beruf des „Weiterbildners" aus.[58]

Es wird bedauert, dass der Beruf immer mehr seine sinnstiftende, orientierende, Biografie tragende, soziale Sicherheit bringende Bedeutung verliert, während die Weiterbildner meist ohnehin „im Durchschnitt zwei Beschäftigungsverhältnisse"[59] ausübend und ihre „individuelle Kompetenz" pflegend, als Honorarkräfte ihre Arbeitsbiografien seit eh und je aktiv erarbeiten bzw. konstruieren. Demzufolge werden Weiterbildner weiterhin „(...) gefordert, selbst eine Berufsidee zu entwickeln, die ihrer Arbeit in der Weiterbildung Sinn gibt."[60] Es handelt sich dabei um eine Chance oder Herausforderung, jedoch auch ein Risiko innewohnt. Eine Vielfalt der Aufgaben, Bedarfe und Notwendigkeiten gilt es sinnhaft so zu verknüpfen, dass dies einen

---

[57] Vgl. Arnold (2015): Studienbrief EB 0210, Seite 113
[58] Vgl. Wittwer, W., Mersch, A.(2013): Studienbrief EB 0230, Seite 98
[59] Ebenda
[60] Ebenda

„(Berufs-) Biografie konstituierenden" Sinn ergeben kann. Demnach „(...) gibt es nicht den Weiterbildungsberuf, sondern eine Vielzahl von individuellen Berufen in der Weiterbildung."[61] Diese heterogene Entwicklung hat zur Folge, dass statt der Idee einer Profession – Kompetenzorientierung zu bevorzugen ist und zudem statt „Profession" – Professionalität.

Gieseke erklärt zudem, dass die Professionalität zum differenzierten Umgang mit Forschungsergebnissen und Theorien verpflichtet, sowohl mit den „eigenen" erwachsenpädagogischen Resultaten als auch den der anderen Fachrichtungen: „zur Deutung von Handlungssituationen mit Handlungsanspruch in einem bestimmten Praxisfeld. Der Begriff [der Professionalität, I.St.][62] umfasst damit die kompetente flexible Anwendung von Wissen im Feld, sowie diagnostisch und flexibel vernetztes Handeln."[63]

Es muss zudem festgestellt werden, dass – beispielsweise durch die Digitalisierung der Bildung – nicht nur die Formen – sondern auch die Anbieterzahl zunimmt und damit auch die Heterogenität des Bildungsbereiches. Dies bringt einerseits eine (erschwerende) Erhöhung der Komplexität der Professionalitätsbestrebungen, andererseits könnte es dazu führen, dass sich die Erwachsenenbildung dadurch klarer abzugrenzen vermag.[64]

Festzuhalten bleibt auch, dass der Aufbau der Professionalität einen nicht-endenden Prozess darstellt. Es ist „(...) kein ‚Zustand' der errungen oder erreicht werden kann, sondern eine flüchtige, jedes Mal aufs Neue situativ herzustellende berufliche Leistung".[65]

Beim professionellen Handeln des Weiterbildners kommt es demnach darauf an, dauerhaft seine Kompetenzen weiterzuentwickeln.

Zu vergleichbaren Ergebnissen kommt m.E. die Qualitätsdebatte: Die Kompetenzen des Weiterbildners haben für das Qualitätsverständnis grundlegende Bedeutung.[66]

Es ist demnach anzunehmen, dass ein fortwährender qualitativ hochwertiger Auf- und Ausbau der eigenen Kompetenzen (Lebenslanges Lernen, unablässige Weiterqualifizierung) über sinnstiftende, orientierende, Biografie tragende und u.U. soziale Sicherheit bringende, professionelle Zukunft eines Weiterbildners entscheidet.

---

[61] Wittwer, W., Mersch, A.(2013): Studienbrief EB 0230, Seite 98
[62] Hnzufügung der Verfasserin
[63] Gieseke, W. (2011): Professionalisierung in der Erwachsenenbildung/Weiterbildung. In: Tippelt, R./v. Hippel, A. (Hrsg.) (2011): Handbuch Erwachsenenbildung/Weiterbildung. 5. Auflage. Wiesbaden,S. 386, In: Wittwer, W., Mersch, A.(2013): Studienbrief EB 0230, Seite 120
[64] Vgl. Arnold, R., Nuissl, E., Rohs, M. (2017): Erwachsenenbildung. Eine Einführung in Grundlagen, Probleme und Perspektiven. Schneiderverlag Hohengehren, Baltmannsweiler, Seite 202
[65] Nittel, D. (2000): Von der Mission zur Profession. Bielefeld. Seite 85. In Wittwer, W., Mersch, A.(2013): Studienbrief EB 0230, Seite 120
[66] Vgl. Wittwer, W., Mersch, A.(2013): Studienbrief EB 0230, Seite 133

4.b) Welche Kompetenzen sind besonders wichtig, um professionell und auf hohem qualitativen Niveau zu handeln und wie können diese konkret entwickelt werden?

Zur Fragestellung, welche Kompetenzen für die Erwachsenenbildung besonders wichtig sind, ist zunächst anzumerken, dass im Laufe der Zeit diverse Kompetenzmodelle entwickelt wurden,[67] die unterschiedliche „Zielsetzungen und Ansprüche"[68] aufweisen. Auf diesem Feld herrscht dennoch weiterhin ein Bedarf einer weiteren wissenschaftlichen Erforschung sowie Praktikabilitäts- und Konsenserreichung.[69]

Als Kompetenzmodell kann beispielhaft der „Europäischer Referenzrahmen EQR" angegeben werden. Dieser benennt folgende „Schlüsselkompetenzen für Erwachsenenbildnerinnen:

o autonomes Lebenslanges Lernen (personelle Kompetenz)

o Kommunikations-, Team- und Vernetzungsfähigkeit (interpersonelle Kompetenz)

o Verantwortung für die Weiterentwicklung der Erwachsenenbildung (professionelle Kompetenz)

o Expertise (theoretisches und/oder praktisches Fachwissen)

o Didaktische Kompetenz

o Kompetenz im Bereich Empowerment- und Motivationsstrategien

o Kompetenz im Umgang mit Heterogenität und Diversität"[70]

EQR führt noch weitere, spezifischere Kompetenzauflistungen an, z. B. für die Anleitung und Unterstützung von Lernprozessen. Dieses Modell dient als Orientierung auch für nationale Modelle[71], in Deutschland als „DQR"[72] bekannt.

Um die Frage, welche Kompetenzen besonders wichtig sind, um professionell und auf qualitativ hohem Niveau zu handeln, zu beantworten, müssen im Zuge der Professionalitäts- und Qualitätsüberlegungen insbesondere die Reflexionskompetenz als auch die Medien- und Methodenkompetenz an erster Stelle angeführt werden.[73] Darüber hinaus ist es wichtig folgende Feststellung zu betrachten:

„Beim erwachsenenpädagogischen Handeln sind nämlich in wesentlich stärkerem Maße die kommunikative Kompetenz, die Lebenserfahrung, die sozialen Fähigkeiten, die Persönlichkeit und das pädagogische Verstehen gefragt als dies bei technologischen Experten der Fall ist. Für die Erwachsenenbildung ist demnach ein spezifischer Typus des Professionellen zu fordern, der mit hohen spezifischen Kompetenz nicht automatisch eine adressatenferne Expertenschaft verbindet. "[74]

---

[67] Vgl. Arnold, R., Nuissl, E., Rohs, M. (2017), Seite 206
[68] Ebenda Seite 208
[69] Ebenda 208
[70] EQR Professionelle Schlüsselkompetenzen von ErwachsenenbildnerInnen
www.iwwb.de/weiterbildung.html?kat=meldungen&num=242 Abruf am 04.02.2019
[71] Vgl. Arnold, R., Nuissl, E., Rohs, M. (2017) Seite 208
[72] Vgl. DQR Deutscher Qualifikationsrahmen. Internetportal ttps://www.dqr.de Abruf am 05.01.2019
[73] Vgl. Arnold, R., Nuissl, E., Rohs, M. (2017) Seite 208
[74] Ebenda Seite 205 f.

4 c) Wie können diese Kompetenzen konkret entwickelt werden?

Die Entwicklung dieser Kompetenzen kann zunächst als Verknüpfung des Theoriewissens mit den Praxiserfahrungen[75] betrachtet werden. Zudem ist es wichtig, dass die Kompetenzentwicklung, als ein Weg „(…) aufgabenbezogene[n] Tätigkeitserweiterung und berufsbiografischer[n] Kompetenzaufschichtung (…)"[76], sowohl in Form formaler als auch non-formaler Aus- und Weiterbildung stattfinden kann.[77] Erwachsenpädagogische Kompetenzen können demnach im Rahmen organisierter Weiterbildungen (Uni, Hochschulen, Akademien), eines weiterbildenden Fernstudiums oder Kontaktstudiums aber auch informell durch selbstorganisiertes Literaturstudium, Arbeit mit Open-contents, Übungsmaterialien, E-Learnings, Vorlesungen im Internet, etc., erworben werden.

Kompetenzerwerb kann auch durch die Teilnahme an Supervisionen (Einzel-, Team- und kollegiale Supervisionen), Coachings, Balintgruppen, (Studien-) Reisen und Hospitationen erfolgreich geschehen. Zudem ist die Teilnahme an den Fachtagungen und Konferenzen sowie Mitarbeit in Fachverbänden bzw. thematischen Fach-Arbeitsgruppen für die Kompetenzentwicklung sehr zu empfehlen. Zu erwähnen bleibt die Nutzung der Fachportale, wie z. B. das des Deutschen Instituts für Erwachsenenbildung (DIE) für die Literaturrecherche und/oder zur Informationsgewinnung zum aktuellen Geschehen in der Erwachsenenbildung.[78]

---

[75] Vgl. Ebenda Seite 208
[76] Seitter, W. (2009) Professionalitätsentwicklung in der Weiterbildung. Springer VS, Wiesbaden. Seite 11-18. In: Arnold, R., Nuissl, E., Rohs, M. (2017) Seite 208
[77] Arnold, R., Nuissl, E., Rohs, M. (2017) Seite 208
[78] „Das von Bund und Ländern geförderte Institut forscht zu Fragen des Lernens und Lehrens Erwachsener, der Weiterbildungsprogramme, der Weiterbildungseinrichtungen sowie des politischen und institutionellen Kontextes des Lebenslangen Lernens." Deutsches Institut für die Erwachsenenbildung DIE: www.die-bonn.de/weiterbildung/literaturrecherche/wordcloud.aspx Abruf am 05.01.2019

Anlagen

Anlage 1

Basiserkenntnisse kompetenzorientierter Gestaltung von Prüfung(en) und Zertifizierungen

In Vergangenheit wurde eine sog. input-orientierte Sichtweise bei der Gestaltung von Prüfungen und Zertifizierungen im Bildungssystem verfolgt: Curriculare Festlegungen hielten fest, welche konkreten Inhalte im Unterricht zu behandeln sind. Prüfungen bedeuteten hauptsächlich die Wiedergabe des Gelernten.

Inzwischen haben Weiterentwicklungen dazu geführt, dass eine output-orientierte Sichtweise, d.h., dass der Lerner nicht nur etwas weiß, sondern es auch versteht und anwenden kann, von zentraler Bedeutung ist. Es steht fest, dass nicht nur die professionelle Gestaltung von Lernprozessen kompetenzorientiert erfolgen sollte[79], sondern zudem auch „(...) eine Prüfungsstrategie, die tatsächlich hält, was man sich von ihr verspricht: Sie erfasst Kompetenzen und keine flüchtigen Wissensbestandteile[.]"[80] vonnöten ist.

Die kompetenzorientierten Zertifizierungen werden, ähnlich wie Prüfungen, als output-orientiert und kompetenzbasiert angestrebt. Sie erfolgen größtenteils in Form einer externen, schriftlichen Fremdbewertung, anhand eines festgelegten, standarisierten Referenzniveaus und werden meist allgemein anerkannt. Eine Zertifizierung hängt in der Regel mit speziellen Berechtigungen, wie z.B. Besuch einer weiterführenden Schule (Diplom, Zeugnis) oder Berufserlaubnis, zusammen.[81]

Bereits eine Betrachtung der Definition der Begrifflichkeit „Kompetenz" bietet erste Hinweise darauf, dass es sich bei kompetenzorientierter Gestaltung von Prüfung(en) und Zertifizierungen um keine reine Wissensabfrage handeln soll:

Das European Qualification Framework (EQF) definiert „Kompetenz" als „(...) die Fähigkeit zur Übernahme von Verantwortung und Selbständigkeit bei der Lösung (fachlicher) Probleme."[82] Weitere Merkmale werden durch die Definition des Deutschen Qualifikationsrahmens (DQR) sichtbar: Hier wird die „Kompetenz" beschrieben als „(...) die Fähigkeit und Bereitschaft des Einzelnen, Kenntnisse und Fertigkeiten sowie persönliche, soziale und methodische Fähigkeiten zu nutzen und sich durchdacht sowie individuell und sozial verantwortlich zu verhalten."[83]

---

[79] Vgl. Arnold, R. (2015): Studienbrief EB 0210, Seite 18
[80] Ebenda
[81] Vgl. DIE-Bonn: REPORT Literatur- und Forschungsreport Weiterbildung, (4) , 88–96. Seite 91 www.die-bonn.de/doks/gnahs0304.pdf Abruf am 23.02.2019
[82] Ebenda
[83] Arbeitskreis Deutscher Qualifikationsrahmen (AKDQR) (2011): Deutscher Qualifikationsrahmen. Seite 4. www.dqr.de/media/content/Der_Deutsche_Qualifikationsrahmen_fue_lebenslanges_Lernen.pdf Abruf am 05.01.2019

Anlage 2

Analyse des Prüfungsverfahrens „CM-Fallarbeit mit Präsentation" nach den Grundlinien einer kompetenzorientierten Prüfungsdidaktik nach Arnold[84]

LENA Handlungsdimension	Folgerungen für eine KODIZ	Leitfrage	CM-Fallarbeit mit Präsentation
Selbstgesteuert	Kompetentes Handeln zeigt sich grundsätzlich in eigener Planung, Initiative und Prozessgestaltung	Welchen Raum lässt die Prüfungsaufgabe bzw. Prüfungssituation für eigene Planung, Initiative und Prozessgestaltung?	Fallauswahl in Eigenregie, eigene Planung, Zeitmanagement, Prozessgestaltung, Präsentationsgestaltung in Eigenregie
produktiv	Kompetentes Handeln führt zu Ergebnissen, d.h. komplexeren Bearbeitungen und Gestaltungen	Welche komplexen Bearbeitungen und Gestaltungen lassen sich in der Prüfungssituation beobachten/ einschätzen?	Durchführung der CM-Begleitung Darstellung des Patientensystems; Darstellung des Prozessablaufs; Schilderung der analytischen Gedankengänge, Hilfeplanüberlegungen; Darstellung der Interventionen, Krisenbewältigung, Netzwerkaufbaus; Präsentationsaufbau, Präsentation, Diskussion, Moderation
aktiv	Kompetentes Handeln ist proaktiv, nicht nur reaktiv; es fordert den Akteur heraus	Wie lassen sich durch die Prüfungsaufgabe/ in der Prüfungssituation die Prüflinge aktivieren?	Fragen zur Selbstreflexion; Nachfrage der alternativen Handlungsmodalitäten, Diskussion zur alternativen Fallführung
situativ	Kompetentes Handeln zeigt sich in der angemessenen und sachgemäßen Bewältigung von Problemsituationen	Wie lassen sich die festzustellenden Kompetenzen in situierte Aufgaben integrieren?	Durch das Nachfragen zu einzelnen Interventionen, z.B. Sozialrecht, Medizinisches
sozial	Kompetentes Handeln ist vernetztes bzw.	Wie kann die Fähigkeit zur	In der Verschriftlichung werden die Situationen

---

[84] Arnold, R. (2015): Studienbrief 0210, Seite 20

19

LENA Handlungs dimension	Folgerungen für eine KODIZ	Leitfrage	CM-Fallarbeit mit Präsentation
	kooperatives Handeln; es nutzt die Potenziale anderer und ist durch Arbeitsteilung und wechselseitige Unterstützung gekennzeichnet	kooperativen und vernetzten Problemlösung in der Prüfungssituation beobachtet und eingeschätzt werden?	beschrieben; während der Präsentation und Diskussion durch Fragestellungen

Anlage 3

Gütekriterien einer kompetenzorientierten Prüfung nach Arnold[85] – versus Beispiel Praxisaufgabe „CM-Fallarbeit mit Präsentation" im Rahmen einer Case-Manager-Weiterbildung (DGCC)

Güte-kriterien	Konkretisierung	Bezug zum Beispiel
	Objektivität: Gelangt jeder Prüfling mit Hilfe dieser Prüfungsaufgabe bzw. Prüfungsfrage zu derselben Einschätzung?	Durch die klare Aufgabenstellung und Kriterienfestlegung, wie z.b. zur Patientensystemauswahl oder Assessmentkriterien, Aufforderung die Patienten nach den Regeln der CM-Methodik zu begleiten, ist der Lerntransfer bzw. Einschätzung der Anwendbarkeit des Theoriewissens - möglich. Problematisch ist die Tatsache, dass es meist unvorhersehbar ist, was während der CM-Begleitung geschieht. Es kann u.U. passieren, dass die Prüfkandidaten extremen Situationen ausgesetzt werden, wie z.b. Palliativsituation, unkooperativen Klienten oder Netzwerkpartnern. Sie können überfordert werden und zur Einschätzung kommen, nicht genügend gerüstet zu sein. In den Fällen gibt es Möglichkeiten der Rückfragen/Hilfestellung seitens Dozenten.
Test-theorie		Vergleichbare Bedingungen durch Vorgehens- und Kriterienraster, Fallbeschreibung Leitfaden", „Präsentationsleitfaden"; Reflexionsfragen, Dokumentationsbogen, etc. sind gegeben; der Weg zum Arbeitsergebnis ist vorgezeichnet. Je nach Ursprungsprofession/Einrichtungsart kann es jedoch zur Schwerpunktbildung kommen. Durch Reflexionsfragen besteht die Chance, das Lerngefälle auszubalancieren. Ziel: Transfer des Gelernten in die Praxis, Reflektieren Präsentieren/Moderieren. „Zu derselben Einschätzung" bezüglich Interventionen zu gelangen – kann manchmal schwierig/unmöglich sein. Doch selbstreflexiv bzw. mit kollegialer Unterstützung einzuschätzen, welche Stärken/Schwächen in der CM-Begleitung vorhanden sind – ist auf jeden Fall möglich.
	Validität: Wie genau misst diese Prüfungsaufgabe bzw. Prüfungsfrage tatsächlich das, was sie zu prüfen vorgibt?	Mittleres Maß an Kompetenzorientierung, fachliche Kompetenz kann (nur) anhand der Verschriftlichung und Präsentation gemessen werden Problematisch: Transferfähigkeit – unmöglich zu prüfen, ob „alle" CM-Bedarfe erkannt wurden, alle CM-Interventionen tatsächlich notwendig waren, ob sie tatsächlich stattgefunden haben, inwiefern hat der Prüfkandidat z.B. initiativ/proaktiv gearbeitet etc. Auch bez. Reflexivität - inwiefern Komplexitäten von dem Prüfkandidaten erkannt wurden – schwer nachvollziehbar
	Reliabilität: Würde die	

---

[85]Arnold, R. Studienbrief 0210 (2015), Seite 22

Güte-kriterien	Konkretisierung	Bezug zum Beispiel
	Prüfungsaufgabe bzw. Prüfungsfrage auch in anderen Kontexten zu denselben Ergebnissen führen?	Im Sinne des Transfers eines Theoriewissens in die Praxis, der Einschätzung des Vorhandenseins einer „Grundausrüstung" und ausreichender Vorbereitung auf die Abschlussarbeit – ja. Bezüglich Moderation und Präsentation – ja. Hier werden Kompetenzen wie z.B. Zuhören, Inhalte strukturieren, Zusammenhänge herstellen, Zuhörer ernst nehmen, Beteiligung aktivieren und Medienkompetenz sichtbar. In Anwendung in Kontexten außerhalb des Gesundheits- oder Sozialwesens ist eine „Fallarbeit mit Präsentation" als Prüfungsaufgabe auch Usus. Hier sind fachspezifische Vorgehensweisen und Kriterienkataloge zu berücksichtigen.
Erwachsenen-pädagogik	Wertschätzung: Werden die Prüflinge wie Erwachsene behandelt, die bereits über Lebens- und Berufserfahrung verfügen?	Ja
	Lebensnähe: Berücksichtigen Form und Inhalt der Prüfung die Lebens- und Arbeitswelt der Prüflinge sowie ihre Erfahrungen?	Ja Es ist ein Spielraum für die spezifischen Arbeitsbereiche der Lernenden (Pflege, Familienhilfen, Krankenhaus, Rehaeinrichtung, Wohnprojekte, Behindertenarbeit, etc.) bezüglich Schwerpunkte der Begleitung
	Verständlichkeit: Sind die Prüfungs-aufgaben und Prüfungsfragen Verständlich formuliert?	Ja, zudem besteht die Möglichkeit der Rücksprache
Kompetenz-theorie	Entwicklungsorientierung: Erhält der Prüfling durch die Ergebnisse auch hilfreiche Hinweise auf seine eigene Weiter-entwicklung?	Ja, Feedback der Prüfer und der Gruppe während der Präsentation. Innerhalb der CM-Arbeit erfolgt auch eine Fallevaluation, die auch Feedback des Patientensystems und der Netzwerkpartner beinhaltet.
	Eigenverantwortung: Stärkt die Art	Stärkt sie, da eigenverantwortliche Durchführung. Im Normalfall nach Anleitung keine weiteren Interventionen der Dozenten während der Durchführung

Güte-kriterien	Konkretisierung	Bezug zum Beispiel
	und Weise der Prüfung eher die Eigenverantwortli chkeit oder schwächt sie sie? Selbstorganisatio n: Beinhaltet die Prüfung auch Anregungen und Impulse für die Selbstführungs- und Selbstlern-fähigkeit des Prüflings?	Ja, die Aufgabe wird in Eigenregie durchgeführt, die Kandidaten müssen je nach Fall-Situation sich z.b. spezifisches Wissen/Können (z.b. zu einem Krankheitsbild oder Netzwerk) selbst erschließen. Erfahrungsgemäß arbeiten sie selbstorganisiert besonders viel an ihrer Kompetenz des wiss. Arbeitens, an medialen Fähigkeiten und üben mehrfach das Präsentieren.
Ökonomie	Praxisbezug („nützlich?"): Entsprechen Inhalt und Form der Prüfung auch den Erwartungen und Möglichkeiten der Praxis?	Ja, wobei in manchen Fällen gibt es in der Praxis falsche Erwartungen an die Case Manager in der Praxis (im Allgemeinen, als sozusagen eine „Eier-legende-wollmilch-sau") und/oder sie bekommen zu viele einschränkende institutionelle (z. B. zeitliche) Vorgaben, die die ganzheitliche CM-Arbeit extrem erschweren. Doch darauf wird gesondert vorbereitet.
	Finanzierbarkeit: Ist die Art der Prüfung finanzierbar?	Ja. Die Vorbereitung auf die Teilprüfung ist in die Theorievermittlung integriert. Es entstehen Kosten für zwei Prüfer (Korrektur und Feedback bez. Verschriftlichung und Dokumentation der Fallarbeit, Fachgespräch und Diskussion plus Begutachtung bez. Präsentation; Hierfür gibt es ein Bewertungskatalog). Ein Prüfer und die Teilnehmenden müssen nicht gesondert anreisen, die Präsentation an eine Präsenzphase angegliedert ist.
	Rentabilität: Trägt die Prüfung im Gesamtkontext zur Rentabilität bei?	Ja, Personaleinsatz ist überschaubar. Hohe Zufriedenheit der Teilnehmenden wirkt sich nachhaltig positiv auf den ökonomischen Erfolg der Bildungsinstitution.

Literaturverzeichnis

Arnold, R. (2015): Weiterlernen als Lebensform - zwischen Entgrenzung und Emotionalität. Studienbrief EB 0210. Technische Universität Kaiserslautern, Distance & Independent Studies Center, Kaiserslautern.

Arnold, R., Nuissl, E., Rohs, M. (2017): Erwachsenenbildung. Eine Einführung in Grundlagen, Probleme und Perspektiven. Schneiderverlag Hohengehren, Baltmannsweiler

Aschenbrenner-Wellmann, B., Fliege, T. (Hrsg.) (2014): Von der interkulturellen Öffnung zu Diversity Mainstreaming. Rahmenbedingungen, Forschungsprojekte und Praxisbeispiele aus der Werkstatt des Instituts für Antidiskriminierungs- und Diversityfragen (IAD). Logos Verlag Berlin.

Genkova, P., Ringeisen, T.(Hrsg.) (2016): Handbuch Diversity Kompetenz. Band 1. Perspektiven und Anwendungsfelder. Springer Referenz Psychologie/Fachmedien Wiesbaden.

Gieseke, W. (2011): Professionalisierung in der Erwachsenenbildung/Weiterbildung. In: Tippelt, R./v. Hippel, A. (Hrsg.) (2011): Handbuch Erwachsenenbildung/Weiterbildung. 5. Auflage. Wiesbaden,S. 386, In: Wittwer, W., Mersch, A.(2013): Professionalität und Qualität. Studienbrief EB 0230. Technische Universität Kiserslautern. Distance and Indenpendence Studies Center (DISC), Kaiserslautern.

Nittel, D. (2000): Von der Mission zur Profession. Bielefeld. Seite 85. In: Wittwer, W., Mersch, A.(2013): Professionalität und Qualität. Studienbrief EB 0230. Technische Universität Kiserslautern. Distance and Indenpendence Studies Center (DISC), Kaiserslautern.

Pathe, A. (2007): Didaktische Maßnahmen zur Förderung und Unterstützung des Lernens in Online Seminaren. Tutorielle Maßnahmen zur Förderung und Unterstützung des Lernens in Online Seminaren. Magisterarbeit. Diplomica Verlag, Hamburg. Seite 102

Seitter, W. (2009) Professionalitätsentwicklung in der Weiterbildung. Springer VS, Wiesbaden. Seite 11-18. In: Arnold, R., Nuissl, E., Rohs, M. (2017): Erwachsenenbildung. Eine Einführung in Grundlagen, Probleme und Perspektiven. Schneiderverlag Hohengehren, Baltmannsweiler

Wittwer, W., Mersch, A.(2013): Professionalität und Qualität. Studienbrief EB 0230.
Technische Universität Kiserslautern. Distance and Indenpendence Studies Center (DISC),
Kaiserslautern.

Internetquellen

Arbeitskreis Deutscher Qualifikationsrahmen (AKDQR) (2011): Deutscher Qualifikationsrahmen.
https://www.dqr.de/media/content/Der_Deutsche_Qualifikationsrahmen_fue_lebenslanges_L
ernen.pdf Abruf am 05.01.2019

Bader, C., Gembris, R., Pape, R., Remmel-Faßbender, R., Tewes, H. (Fachgruppe
Weiterbildung der DGCC) (2016): Positionspapier Qualifikationsrahmen zertifizierter Case
Manager und Case Managerinnen (DGCC). DGCC Deutsche Gesellschaft für Care und
Case Management. Mainz. https://www.dgcc.de/wp-
content/uploads/2017/02/DQR_Positionspapier_FG_WB_DGCC.pdf Abruf am 03.01.2019

Bretschneider, M. (2004): Non-formales und informelles Lernen im Spiegel bildungspolitischer Dokumente der Europäischen Union. Deutsches Institut für Erwachsenenbildung.
URL: http://www.die-bonn.de/esprid/dokumente/doc-2004/bretschneider04_01.pdf Abruf am
22.12.2018

DGCC - Deutsche Gesellschaft für Care und Case Management, Website, Home
https://www.dgcc.de/dgcc/ziele-der-dgcc/ Abruf am 03.01.2019

Deutsche Gesellschaft für Care und Case Management e.V. (Hrsg.): Änderung der
Zulassungsregelungen zur zertifizierten Case Management Weiterbildung vom 15.07.2011.
Online: www.dgcc.de/wpcontent/uploads/2013/02/zulassungsregelungen_07_2011.pdf Abruf
am 23.02.2019

Deutsches Institut für die Erwachsenenbildung DIE: https://www.die-
bonn.de/weiterbildung/literaturrecherche/wordcloud.aspx Abruf am 05.01.2019

DIE-Bonn: REPORT Literatur- und Forschungsreport Weiterbildung, (4) , 88–96. Seite 91
https://www.die-bonn.de/doks/gnahs0304.pdf Abruf am 23.02.2019

Dietrich, S., Fuchs-Brüninghoff, E. u. a. (1999): Selbstgesteuertes Lernen Auf dem Weg zu einer neuen Lernkultur. Deutsches Institut für Erwachsenenbildung (DIE) Frankfurt a.M. online https://www.die-bonn.de/esprid/dokumente/doc-1999/dietrich99_01.pdf Seite - Abstract, Abruf am 04.01.2019

Dollhausen, K., Muders, S. (2016): Diversität und lebenslanges Lernen Aufgaben für die organisierte Weiterbildung. Bertelsmann, Bielefeld. Vorwort Prof. Dr. Rainer Brödel. http://www.ciando.com/img/books/extract/3763956344_lp.pdf Abruf am 23.02.2019

DQR Deutscher Qualifikationsrahmen. Internetportal ttps://www.dqr.de Abruf am 05.01.2019

EQR Professionelle Schlüsselkompetenzen von ErwachsenenbildnerInnen https://www.iwwb.de/weiterbildung.html?kat=meldungen&num=242 Abruf am 04.02.2019

Haufe Akademie Basiszertifikat Projektmanagement (GPM). Website https://www.haufe-akademie.de/1853 Abruf am 23.02.2019

Kunze, K., Kaimann, A. (2017): Vortrag auf der Fachtagung „Berufliche Bildung in Bewegung – Herausforderungen und Perspektiven für berufliches Bildungspersonal" 12./13. Oktober 2017, Fachhochschule Bielefeld. file:///C:/Users/lst/Downloads/2017_FT_HumanTec_Forum4_Kunze_Kaimann.pdf Abruf am 28.12.2018

Netzwerk Case Management Schweiz (2016): Kompetenzprofil für Case Manager und Case Managerinnen http://www.netzwerk-cm.ch/sites/default/files/uploads/30.09.2016_infounterlage_kompetenzprofil_cm_finale_versi on_0.pdf Abruf am 23.02.2019

Nuissl, E. (Hrsg.) (2006): Vom Lernen zum Lehren Lern- und Lehrforschung für die Weiterbildung. Das Deutsche Institut für Erwachsenenbildung (DIE). Bertelsmann, Bielefeld. https://www.die-bonn.de/doks/2006-lehr-lernforschung-01.pdf Abruf am 22.12.2018

ptm-Akademie Website „Berufscoaching – Fit für den Job": https://www.ptm.de/de/fuer-arbeitsuchende/kursangebot/d/t/berufscoaching-fit-fuer-den-job/ Abruf am 23.02.2019